BEI GRIN MACHT SICH IHR
WISSEN BEZAHLT

- Wir veröffentlichen Ihre Hausarbeit,
  Bachelor- und Masterarbeit

- Ihr eigenes eBook und Buch -
  weltweit in allen wichtigen Shops

- Verdienen Sie an jedem Verkauf

Jetzt bei www.GRIN.com hochladen
und kostenlos publizieren

Jan Pohl

Die gesellschaftliche Bedeutung der Nahtodeserlebnisse

GRIN Verlag

Bibliografische Information der Deutschen Nationalbibliothek:

Die Deutsche Bibliothek verzeichnet diese Publikation in der Deutschen National-bibliografie; detaillierte bibliografische Daten sind im Internet über http://dnb.d-nb.de/ abrufbar.

Dieses Werk sowie alle darin enthaltenen einzelnen Beiträge und Abbildungen sind urheberrechtlich geschützt. Jede Verwertung, die nicht ausdrücklich vom Urheberrechtsschutz zugelassen ist, bedarf der vorherigen Zustimmung des Verlages. Das gilt insbesondere für Vervielfältigungen, Bearbeitungen, Übersetzungen, Mikroverfilmungen, Auswertungen durch Datenbanken und für die Einspeicherung und Verarbeitung in elektronische Systeme. Alle Rechte, auch die des auszugsweisen Nachdrucks, der fotomechanischen Wiedergabe (einschließlich Mikrokopie) sowie der Auswertung durch Datenbanken oder ähnliche Einrichtungen, vorbehalten.

Impressum:

Copyright © 2015 GRIN Verlag GmbH
Druck und Bindung: Books on Demand GmbH, Norderstedt Germany
ISBN: 978-3-656-92327-5

Dieses Buch bei GRIN:

http://www.grin.com/de/e-book/294597/die-gesellschaftliche-bedeutung-der-nahtodeserlebnisse

GRIN - Your knowledge has value

Der GRIN Verlag publiziert seit 1998 wissenschaftliche Arbeiten von Studenten, Hochschullehrern und anderen Akademikern als eBook und gedrucktes Buch. Die Verlagswebsite www.grin.com ist die ideale Plattform zur Veröffentlichung von Hausarbeiten, Abschlussarbeiten, wissenschaftlichen Aufsätzen, Dissertationen und Fachbüchern.

Besuchen Sie uns im Internet:

http://www.grin.com/

http://www.facebook.com/grincom

http://www.twitter.com/grin_com

Menschsein im 21. Jahrhundert

Die gesellschaftliche Bedeutung der Nahtod-Erlebnisse

Inhalt

<u>Motto</u>

Es bereitet sich der Anbruch einer Welt vor, die kein gemeinsames Mass mehr hat mit der
Übergangswelt, in der wir noch eine kleine Weile leben.

Eine unerwartete und noch unabsehbare Erweiterung der alten Tugenden Glaube, Hoffnung
und Liebe bahnt sich an.

Nach Louis Pauwels

Rudolf Steiner über Christus im Ätherischen

Hört man über Nahtod-Erfahrungen als Anthroposoph, so denkt man zuallererst
an Rudolf Steiners Voraussage der Wiederkunft Christi im Ätherischen. Harald Giersch zählt
Hunderte von Stellen auf, wo Steiner über das ätherische Christuswirken schreibt oder redet
(7). Die Menschheit steht in einer Umbruchsituation, indem sich Christus auf neue Weise den
Menschen zeigen will. Es ist ein gnadenhaftes Beschenktwerden, das dem Leben zahlreicher
Menschen einen neuen Impuls verleiht. Diese Gnade, die reale Christus-Begegnung, kann
niemand erzwingen. Sie wird geschenkt. Was wir leisten können, ist ein aktiv wartendes
„Sich bereit Halten", eine innere Vorbereitung.

Einleitung

In den 80-er Jahren haben Forschungen gezeigt, dass allein in den USA mehr als acht
Millionen Menschen eine Nahtod-Erfahrung hatten.

Einige von ihnen haben seit diesem Ereignis zu Tausenden von Menschen davon gesprochen.
Sie geben unzählige Interviews, arbeiten mit kleinen Gruppen, halten Vorträge vor grösserem
Publikum und sind auch für Einzelgespräche bereit.

Sie helfen damit auch Menschen, die selbst eine Nahtod-Erfahrung hatten sowie deren
Angehörigen, aber auch beruflich Interessierten – Krankenpflegern, Ärzten, Psychiatern,
Pfarrern, Sozialarbeitern – die mit solchen Erfahrungen konfrontiert werden. Unzählige
Selbstmordkandidaten wurden von solchen Menschen von ihrem Vorhaben abgebracht. Sie
lehren, die Angst vor dem Tod zu überwinden. Sie haben eine bedingungslose Liebe erfahren
und sind dadurch imstande, andere Menschen friedlich zu stimmen.

Wie sieht man das irdische Leben nach der Nahtod-Erfahrung?

Man empfindet das irdische Leben als einen groben Zustand, in dem man eine Zeitlang verharrt. Doch man hat die Willensfreiheit und den göttlichen Funken in sich, die es erlauben, sich aus diesem Zustand herauszuarbeiten. Diese nicht abgeschlossene Aufgabe ist der Sinn des Lebens und ein jeder ist aufgerufen, seinen Teil auf seine Weise dafür zu leisten. Obwohl jeder Einzelne unbedeutend ist, wäre das Ganze ohne ihn nicht vollständig, denn ein jeder ist ein Unikat und diese Einzigartigkeit bleibt auch im Nachtodlichen erhalten.

Was erlebt man während der Nahtod-Erfahrung?

„Ungeachtet der auffallenden Ähnlichkeiten zwischen den einzelnen Berichten finden sich doch keine zwei darunter, die vollkommen miteinander identisch wären." (1). Es kommt auch nicht vor, dass man ausnahmslos alle üblichen Komponenten erlebt. Auch die Reihenfolge kann sich ändern, jedoch sind manche Komponenten annähernd universell. Gehen wir sie durch, was alles kann also passieren?

Oft von einer prekären irdischen Situation ausgehend befindet man sich auf einmal in einem vollkommen klaren Zustand. Die Sehkraft ist um ein Vielfaches gesteigert. Der Hörsinn scheint durch Gedankenübertragung ersetzt zu sein. Geruchs- und Tastempfindungen fallen allerdings weg. Allfällige Schmerzen, Übelkeit usw. sind wie weggeblasen. Man empfindet Frieden und hat das Gefühl, das nun alles gut sei (4). Vieles scheint normal zu sein, bis auf die Tatsache, dass man den eigenen Körper von oben sieht. Man kann die Menschen beobachten und hören, die herum sind. Oft hört man, wie man für tot erklärt wird. Das Bewusstsein ist also offensichtlich nicht auf den physischen Körper beschränkt und existiert unabhängig vom Gehirn weiter (5). Die überwiegende Mehrzahl berichtet, dass sie sich nach der Loslösung von ihrem physischen Körper in einer anderen Art Körper wiedergefunden hätten. Sie merken, dass sie von den Lebenden nicht vernommen werden können, dass sie nichts berühren können, dass sie schwerelos sind, ihre Fortbewegung kann blitzartig sein. An diesem Punkt können Einsamkeitsgefühle auftreten.

Doch es geht weiter. Eine vollständige Lebensrückschau kann erlebt werden. Sie enthält in Form visueller Vorstellungsbilder absolut ganz und gar alles, was im Leben geschah. Man kann alles richtig aufnehmen und verarbeiten. Die Bilder sind, verglichen mit gewöhnlichen Bildern, ungleich lebendiger. Die Situationen erlebt man sowohl wie sie von den Teilnehmern - inklusive einem selbst – erlebt wurden, also mit den Gefühlen und Gemütsbewegungen, die mit den Bildern zusammenhängen, aber gleichzeitig auch unvoreingenommen, emotionslos, ohne Selbstgerechtigkeit oder urteilende Parteinahme, wie von aussen betrachtet. So erlebt und beurteilt man sein Handeln, einschliesslich all seiner Auswirkungen. Selbstsucht und Egoismus wirken belastend. Es wird einem bewusst, wie weit man Energien, Talente und Gelegenheiten genutzt oder verschwendet hat. Sogar unerfüllte Wünsche tauchen auf, zusammen mit darauffolgenden möglichen Szenerien. Man kann auch merken, dass pflanzliche, tierische, ja sogar unbelebte Formen von den Menschen beeinflusst werden. Es wird jedenfalls klar dabei, wie wichtig die Liebe im Leben ist.

Auf einmal kann man ein unangenehmes, durchdringendes Läuten oder Brummen wahrnehmen. Ein Tunnel taucht auf und man bewegt sich schwebend, mit zunehmender Geschwindigkeit, durch diesen hindurch. Am Ende des Tunnels sieht man ein starkes, aber nicht blendendes Licht. Angekommen steht man vor einem Lichtwesen. Oft umgibt eine idyllische Landschaft das Wesen. Man erfährt grosse Liebe und Wärme, das Gefühl der Zusammengehörigkeit und Geborgenheit ist überwältigend. Man fühlt sich vollkommen verstanden und trotz allen Unzulänglichkeiten bedingungslos angenommen. Die Schilderung des Lichtwesens ist immer gleich, doch bekommt es die unterschiedlichsten Namen zugeschrieben, je nach der religiösen Einstellung des einzelnen.

Nun können sich auch andere Wesen nähern, meist wohl bekannte früher Verstorbene. Sie begrüssen einen und möchten helfen, zeigen, was einen interessieren könnte. Es ist ein freudiges Zusammentreffen. Die Kommunikation erfolgt telepathisch, durch nonverbale Gedanken, also übersprachlich, in absoluter Geistesgegenwart. Man kann vielerlei Informationen gleichzeitig aufnehmen oder aussenden. Die Übersetzung dieses Austausches in eine menschliche Sprache ist allerdings schwierig.

Gelegentlich vernimmt man, dass man in das physische Leben zurückkehren muss oder man kann sich sogar für die Rückkehr zum irdischen Leben entscheiden, weil man z.B. noch wesentliche Aufgaben zu vollenden hat – was dann auch unverzüglich, problem- und bedingungslos erfolgt. Wiederum kann man durch den Tunnel fliegen – nur eben zurück. Manche erleben auch das Bild einer Grenze, die man nicht ganz erreicht, vielleicht auch, weil man von Lebenden nicht losgelassen wird. Man vereinigt sich also wieder mit seinem physischen Körper und lebt weiter. Nach dem Lichtvollen des Erlebten empfindet man das Graue des Irdischen: oft dauert es Wochen, bis man sich wieder an das Vergängliche gewöhnt. Die Sehnsucht nach dem Staublosen aber bleibt, auch wenn das Selbstmitleid längst vergangen ist.

Entwicklungsstufen

Das individuelle Bewusstsein ist zunächst mit allen Komponenten, also mit der Wahrnehmungsfähigkeit, Erinnerung, Erkenntnis, Vernunft, Entscheidungsfähigkeit und Persönlichkeit vorhanden.

Hat man seine Persönlichkeit noch nicht losgelassen, so müssen Fixierungen und Fehlhaltungen in einer Fegefeuersituation aufgearbeitet werden. Für alle Probleme, die mit dem Tod nicht aufhören, müssen Lösungen gefunden werden. Eigenheiten, Stimmungen verschwinden erst, wenn die Lebensziele, wenn der Lebenssinn klar geworden sind. Es herrscht bereits Zeitlosigkeit.

Was man erfährt ist echt und enorm stark wirksam, aber es ist noch eine Bilderwelt, weswegen sie in unendlich vielen persönlichen Varianten erlebt wird. In dieser Bilderwelt erfährt man die bedingungslose Liebe. Die vorherrschenden Gefühle sind Friede, Ruhe und Heiterkeit in Massen, wie man es nie früher erfahren hat. Aber es ist auch stets die Möglichkeit da, selbst die bedingungslose Liebe zu werden. Diese Möglichkeit wird dann real, wenn das Bewusstsein den starken Wunsch entwickelt, aus dieser Bilderwelt weiterzukommen. Viele erleben erst jetzt die Liebe des Lichtwesens, während anderen der Aufenthalt in dem erdnahen Astralbereich der Fegefeuersituation erspart bleibt. Wesen, die noch mit ungetilgtem irdischem Karma belastet sind, können nach dem Tod allerdings nicht in höhere kosmische Ebenen aufsteigen.

Auf diesen höheren Ebenen existiert eine allumfassende Einheit – ohne Beurteilungsmerkmale. Kommt man so weit, so kann man eventuell in das universelle Wissen oder in Teile davon einklinken. Gelangt man in die höheren Entwicklungsstadien, so bricht die Verbindung zu den Hinterbliebenen weitgehend ab.

Dies berichten aber vor allem diejenigen, die die längste Zeit ausserhalb des physischen Körpers waren.

Was erlebt jemand, der eine Nahtod-Erfahrung hatte?

Man ist noch erfüllt von überwältigenden Gefühlen der Freude, der Liebe, der Ganzheit und des Friedens. Die Realität und die Bedeutsamkeit des Erlebten kann nicht im Mindesten bezweifelt werden. Die Werte, die man anstrebt, können sich von Grund auf verändern. Das irdische Leben kann sich nun dramatisch, tiefgreifend und drastisch wandeln. Man fühlt sich nicht mehr als der, der man war.

Man weiss: ganz gleichgültig, welche äusseren Ereignisse eintreten und welche Situationen man sich in seinem Leben schafft, innerer Frieden, innere Ruhe ist immer, unter allen erdenklichen Umständen möglich. Dies verleiht einem ein gesteigertes Gefühl innerer Sicherheit.

Bei „Versuchen, anderen Menschen von seinem Erlebnis zu berichten, trifft" man „auf grosse Schwierigkeiten." Man findet „keine menschlichen Worte" „mit denen sich überirdische Geschehnisse dieser Art angemessen ausdrücken liessen"(1). Dies ist leicht nachzuvollziehen, denn das gegenseitige Verstehen beruht auf der Gemeinsamkeit der Erfahrungen, die in diesem Fall, beim Verlassen des dreidimensionalen Raumes und der linearen Zeit wegfällt.

Man ist also gezwungen, das Erlebte auf das Verstehbare zu reduzieren, wobei gerade das Meistbeeindruckende nicht vermittelbar ist, ja von vielen sogar bezweifelt wird. Weswegen es häufig vorkommt, dass man das Erlebte für sich behält.

Ein anderer, vielleicht häufigerer Grund für die Verschwiegenheit ist die Tatsache, dass der Geist der Gegenwart die Möglichkeit eines Weiterlebens nach dem biologischen Tod ausschliesst. Für viele passt das Leben nach dem Tod in vergangene Epochen des Aberglaubens und nicht in die Zeit der exakten Wissenschaft. Personen mit transzendenten Erfahrungen haben Angst, von voreingenommenen Zeitgenossen nicht ernst genommen, für Phantasten gehalten werden, also reden sie über ihre Erfahrungen lieber nicht.

Dank dem freien Willen stellt die Macht des erhaltenen Wissens einem frei zu wirken - in Gutem oder sogar selbstsüchtig - oder bloss zufrieden und ausgeglichen zu sein. Man weiss allerdings, dass man bei der Rückschau nach dem nächsten Tod mit den Folgen seiner Entscheidung konfrontiert wird – und wie das ist, weiss man nun.

Man ist versucht, sich aus den engen Grenzen der vorgefassten Vorstellungen, Meinungen und Anschauungen, die man von seiner Umgebung bekommen hat, zu lösen. Man bemüht sich Dinge zu tun, die mehr Sinn haben. Man sieht klarer, oft bemüht man sich auch, liebevoller zu sein. Neue Grundsätze entbinden allerdings niemanden von den banalsten irdischen Aufgaben. Man weiss aber jetzt, dass man nur Aufgaben vorgesetzt bekommt, an denen man lernen muss. Es ist hilfreich, dass es einem klar ist, dass das Physische, mit dem man zu tun hat, das man vielleicht auch besitzt, nur Lernhilfe ist. Es fällt einem dann leicht, diese Lernhilfen nach getaner Arbeit wieder loszulassen.

Die Beziehungen zu anderen Menschen ändern sich, weil man selbst ein anderer geworden ist (2). Man wirkt meist entspannt und harmonisch. Man weiss, dass man durch positive Gedanken anderen helfen, ja andere sogar heilen kann. Liebe bringt Heilung. Liebt man sich so stark, dass man sich selbst heilen kann? Wenn ja, dann kann die nächste grosse Aufgabe sein, seine Liebe soweit zu steigern, dass man auch andere zu heilen fähig wird.

Intuition

Für Menschen, die eine Nahtod-Erfahrung hatten, ist intuitives Wissen oft leichter zugänglich als für andere. Was ist nun intuitives Wissen?

Ich gebe eine sehr allgemeine Definition: Intuition ist, wenn man etwas weiss, aber nicht weiss, wie man es weiss. Intuition ist für alle erlernbar, bedarf aber normalerweise eines langwierigen Übungsweges, bis man den Zugang zum inneren Wissen erschliessen kann.

Generell kann man sagen, dass die Nahtod-Erfahrung öfter Fähigkeiten erschliesst, die in jedem Menschen schlummern, aber eben schlummern, und deren Erweckung oft recht mühsam ist. Allerdings können diese Fähigkeiten durch das Alltagsleben wieder abgestumpft werden und schliesslich grösstenteils verlorengehen.

Trotzdem können sie für manche Menschen, die dafür aufgeschlossen sind, als Anregung dienen, sie zu erarbeiten versuchen. Hat man weniger Ängste, so ist die Chance grösser, dass man zu intuitiven Fähigkeiten durchstossen kann. Solche intuitive Fähigkeiten sind z.b. Vorauswissen dank kurzen Austritten aus der linear verfliessenden Zeit oder die Einfühlung in andere Menschen.

Vielleicht sollten Sie wissen, dass das intuitive Wissen von besonders sensiblen Menschen in den USA nicht nur half, auf Umweltschäden aufmerksam zu machen, sondern auch vom Militär verwendet wurde.

Was erleben Menschen der nächsten Umgebung von Menschen mit Nahtod-Erfahrung?

Verwirrung. Es gibt deshalb in den USA Selbsthilfegruppen für Ehepartner von Menschen mit dieser Erfahrung. Sie helfen, mit dem ungewohnten, vielleicht merkwürdigen Verhalten der Zurückgekehrten fertig zu werden. Es ist schwierig, die unerwartet aufgetretene spirituelle Motivation und die neuen Prioritäten zu verstehen, vor allem, wenn die Übergänge abrupt und zunächst chaotisch sind. Die Plötzlichkeit mit der sich z.B. Rechthaber und Egozentriker zu geistig motivierten Helfern wandeln, kann in ihrer Umgebung einen Schock auslösen und Partner vollkommen aus dem Gleichgewicht werfen.

Manchen Menschen, die mit dem Tod konfrontiert sind, kann dafür die Erzählung der Nahtoderlebnisse eine Hilfe sein. Sie hilft auch einzusehen, dass zu viel Trauer um einen Verstorbenen diesen behindert, seinen eigenen Weg im Übersinnlichen zu gehen, daher vom Trauernden recht egoistisch ist. Wenn man seine Toten wirklich liebt, sollte man sie bereitwillig gehen lassen.

Auswirkungen der Nahtod-Erfahrungen im weiten Kreis

Die Welt kann sich nur durch einen Wandel in der Einstellung der einzelnen Menschen verändern. Nach ihrer Nahtod-Erfahrung fühlen sich auch solche Menschen als Strebende und Suchende, die vorher eine völlig andere Einstellung hatten Sie tragen zu einer Veränderung der Gesellschaft bei, indem sie sich trotz innerer Erneuerung wieder integrieren und Aufgaben, eventuell neue Aufgaben, übernehmen.

Die Mitteilung von Nahtod-Erfahrungen hat dazu beigetragen, die rein materialistische Einstellung in Frage zu stellen und den Reinkarnationsglauben zu verbreiten. In diversen europäischen Ländern und in den USA glauben nach gar nicht neuen Zahlen 10-30% der Bevölkerung, in Brasilien 45 % an die Reinkarnation.

Streng genommen sprechen die geschilderten Nahtodeserlebnisse weder für noch gegen eine Reinkarnation, dieser Aspekt gewinnt auch nach Beschreibungen aller okkulten Quellen erst in den späteren Nachtodesphasen eine Bedeutung.

Jahrhunderte lang wurden die Christen mit schrecklichen Bildern der Qualen in der Hölle, die auf den Sünder warten, eingeschüchtert. Todesängste beeinträchtigen aber nicht nur die Lebensfreude, sondern können sogar die physische und seelische Gesundheit schädigen. Es ist daher für viele eine Befreiung zu vernehmen, dass Menschen mit Nahtod-Erfahrungen alle Ängste vor dem Tod verloren haben. Einen Himmel oder eine Hölle, Zuckerbrot und Peitsche der Religionen, hat keiner gesehen. Aus eigener Erfahrung weiss man, dass nach Erledigung der gestellten Aufgaben im physischen Leben der Tod lediglich ein Übergang von einem Zustand in den anderen, ein Wechsel der Ebene des Bewusstseins und Seins ist. Taten, für die man sich schämt, verwandeln sich in Lern-Erfahrungen. Ist man imstande, die Lehren daraus zu ziehen, so schreitet man in der Entwicklung weiter.

Die neue Sicht des Nachtodlichen, die übereinstimmend von allen Personen mit Nah-Todeserfahrungen vertreten wird, trägt somit wesentlich zu einer Entängstigung, zur Verleihung von Lebenssicherheit und damit zu einer Gesundung der Gesellschaft bei.

Selbstmord

Manche Menschen mit Nahtod-Erfahrungen legen grossen Wert darauf, Selbstmord-Gefährdeten von deren Tun abzuraten. Es ist diesen Menschen klar geworden, dass der Lebenslauf vorgeburtlich vorgesehen wurde. Bei seinem vorzeitigen Abbruch hat man keine Körperfunktionen mehr, aber die Probleme, vor denen man flüchten wollte, bleiben bestehen.

Man kann etliches nicht mehr klären, verbessern, korrigieren, die versäumten Handlungen nicht vollziehen, wird aber geplagt von Erinnerungen, Kummer, und oft zusätzlich von dem

Wissen, welches Leid ihr Tod über die ihnen Nahestehenden auf der Erde gebracht hat. Der extrem negative, depressive Geisteszustand zur Zeit der selbstzerstörerischen Tat begleitet ihn hinüber und behindert ihn ausserordentlich bei der Anpassung an die neue Situation. Das geht oft so weit, dass er beim Erwachen zum neuen Bewusstsein zunächst gar nicht erkennt, dass er gestorben ist (4). Dies alles führt zu einer enorm langen Läuterungszeit, während der die Selbstmörder vom Zyklus der Wiederverkörperungen ausgeschlossen bleiben, folglich sich auch nicht weiterentwickeln können.

Ein Selbstmord bedeutet für viele das Zerschneiden des Knotens, der sich aus den Fäden bildet, die Karma spinnt. Doch besagen die karmischen Gesetze, dass solche zerschnittene Knoten sich im nächsten Leben unweigerlich wieder bilden, denn die Aufgabe ist, die Verwirrung mit Geduld und Aufmerksamkeit, mit starkem Willen und viel Liebe zu entwirren. Mag sein, dass mehrere Leben zur Lösung des Knotens notwendig sind, aber ein Davonlaufen gibt es nicht. Auch eine Unkenntnis der Gesetze schützt vor den Folgen ihrer Nichtbeachtung nicht.

Ist der Lebenslauf zu Ende, ist das Leben zu einem sinnvollen Abschluss gekommen, ist man zum Sterben bereit, so braucht man weder Hilfe, noch Hilfsmittel, man stirbt durch einfaches Loslassen. Ist aber der Lebenslauf nicht zu Ende, so hat man die Aufgabe „seine Liebe zu sich selbst wieder ins Lot zu bringen, so dass man wieder" "in der Lage ist, andere Menschen und Dinge zu lieben" (2)

Reinkarnation

„Reinkarnation ist eine Möglichkeit, sich durch mehr als eine Persönlichkeit hindurch zu entwickeln" (2). Die Persönlichkeit ist eine Kombination von Charaktermerkmalen. Wenn man in einem Leben nicht alles gelernt hat, was notwendig gewesen wäre, was der Normalfall ist, nimmt man die Charaktermerkmale, an denen zu feilen ist, in das nächste Leben mit. Nun muss man sie erkennen, anschauen und verändern, überwinden. Eine Nahtod-Erfahrung kann dabei eine grosse Hilfe sein. Reinkarnation ist eine Möglichkeit, an der Selbsterkenntnis zu arbeiten und eine Nahtod-Erfahrung kann einen grossen Schritt in die richtige Richtung ermöglichen.

Zeit

Im geistigen Bereich gibt es keine linear verfliessende Zeit, keine Vergangenheit und keine Zukunft. Die rasch vergehende Zeit ist ein Konstrukt im Irdischen und daher eine Illusion.

Die irdische Zeit hat mit den Bewegungen der Erde im Sonnensystem zu tun. Wir messen sie mit Minuten, Stunden, Tagen, und Jahren. Wir wissen aber aus eigener Erfahrung, dass die Minuten, die Stunden sehr verschieden sein können, je nach dem, ob wir sie freudig, oder beim Warten auf ein Tram oder Zahnarztsitzung verbringen. All die beschriebenen Erlebnisse haben nicht mit der Uhrzeit, sondern mit der seelisch erlebten relativen Zeit zu tun. Diese Zeit ist so relativ, dass sogar der künftige Charakter in der Nahtod-Erfahrung den heutigen beeinflussen kann.

Zusammenfassung

Die immer schon vorhanden gewesenen, aber mit der Anwendung moderner medizinischer Hilfsmittel häufiger gewordenen Nahtodeserfahrungen beeinflussen vor allem durch die Stärke des Erlebens der Begegnung mit dem ätherischen Lichtwesen nicht nur das weitere Leben des Zurückgekehrten und seiner nächsten Umgebung, sondern auch zunehmend die Einstellung der Gesamtgesellschaft, in der diese Ereignisse stattfinden.

Literatur

1) Moody, Raymond A.: Leben nach dem Tod, Reinbek 1977, 187 S.

2) Saylor Farr, Sidney: Tom Sawyers Nah-Todeserfahrung und die Wandlung seines Lebens. Übersetzung Dagmar Dhyvert. Flensburg 1998, 204 S.

3) Brinkley, Dannion: Saved by the Light, New York 1994, 162 S.

4) Ford, Arthur: Bericht vom Leben nach dem Tode. München 1994, 303 S.

5) Risi, Armin: Nahtoderfahrungen – Blick in die Ewigkeit in:

ExpressZeitung.ch Nr. 06, Sommer 2004, S. 14-15, 17

6) Rosanoff, Nancy: Intuitionstraining.Übersetzung Maria Müller.München1994,136 S.

7) Giersch, Harald: Rudolf Steiner über die Wiederkunft Christi. Dornach 1991, 110 S.